# pe… a disparu

Frédéric Lenormand

Illustrations d'Isabelle Chatellard

# Chapitre 1

Le lapin de Camille a disparu.
Il n'est plus dans la boîte à chaussures
où il a l'habitude de dormir.
Il n'est pas non plus sous le lit.
Ni sous le fauteuil du salon.
Où a-t-il bien pu aller ?
Camille va voir la concierge.

La concierge est très inquiète :
son caniche a disparu.
Camille va sonner
chez les autres
habitants
de l'immeuble.

Plus de perroquet
au deuxième étage
chez madame Michu !

Plus de tortue
au troisième
chez monsieur
et madame Martin !

Plus de hamster
au quatrième
chez son copain Pierre !

« Mon immeuble
est un vrai zoo ! »
se dit Camille.

Seul Néron, le chat du premier étage, continue de se promener dans l'escalier.

– As-tu vu passer Petit Lapin ? lui demande Camille.

– Ronron, répond Néron.

Il se contente de se frotter contre elle en ronronnant pour avoir des caresses.

« Comment la tortue a-t-elle pu
s'échapper par l'escalier ?
se demande Camille.
Elle a peut-être
pris l'ascenseur ? »
Camille et Néron
vont voir devant
l'ascenseur.

## Chapitre 2

Devant l'ascenseur, Camille découvre une petite plume bleue.
– Le perroquet est passé par là ! dit Camille.
– Ronron, fait Néron avec l'air d'en savoir long.
Camille a une pensée horrible : Néron a pu manger le perroquet !

Peut-être même le hamster !
Mais qu'aurait-il fait du caniche
et de la tortue ?
– Les chats ne mangent pas
les tortues, dit Camille, et ils mangent
encore moins les caniches !
– Ronron, fait Néron,
qui semble d'accord
là-dessus.

Au deuxième étage,
Camille trouve la balle
du caniche.

– Le caniche est passé par là !
dit Camille.

Au troisième étage,
Camille découvre
une petite feuille de salade
avec un trou rond
sur le côté.

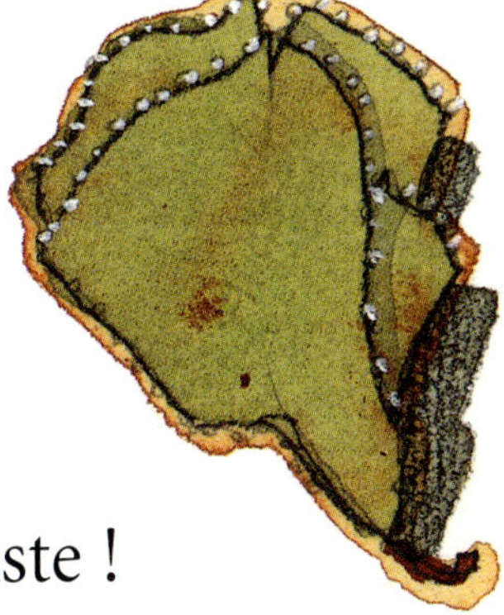

– La tortue est passée
par là ! dit Camille.
Je suis sur la bonne piste !

Au quatrième étage,
Camille remarque par terre
quelques graines éparpillées.

– Ce sont les graines du hamster !
Il est passé par là ! dit Camille.
À présent, elle est sûre
de chercher dans la bonne
direction.

Au cinquième étage,
elle ne trouve
aucune trace.

Ça lui semble bizarre.

Le palier est tout propre, quelqu'un
l'a nettoyé avec soin.
– Quelqu'un a effacé les traces,
c'est donc ici
que cela se passe !
dit Camille.
– Ronron,
approuve Néron.

Dring!

# Chapitre 3

Au cinquième étage habite monsieur Plouc. C'est un homme âgé qui possède une petite souris blanche. Camille appuie sur le bouton de la sonnette.

La porte s'ouvre. Monsieur Plouc a l'air embêté. Il porte un chapeau pointu en carton.

Il a des confettis sur les épaules.
Il tient une bouteille
de champagne
et des serpentins.

– Avez-vous vu mon petit lapin ?
demande Camille.

– Non, je n'ai pas vu
ton lapin, répond
monsieur Plouc
avec l'air de penser
le contraire.

– Ni le hamster ? demande Camille.

– Pas du tout, assure monsieur Plouc.

– Ni la tortue ?

– Du tout, du tout, répète monsieur Plouc.

Camille entend une drôle de voix chanter : « Joyeux anniversaire ! »

Elle reconnaît la voix du perroquet.
Vite ! Elle bloque la porte
avec son pied et appelle :
– Petit Lapin !
– Je n'ai pas vu ton lapin !
répète monsieur Plouc,
de plus en plus embêté.
Mais Camille voit Petit Lapin
venir vers elle en sautillant.

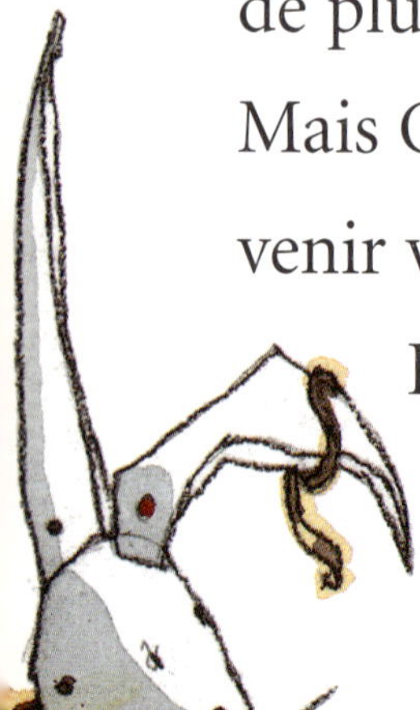

Il a des confettis
sur les oreilles.

Derrière lui, il y a le caniche
avec des serpentins
autour du cou.

La tortue, le hamster
et le perroquet
ont tous sur la tête
un petit chapeau rigolo.

La petite souris blanche porte
un minuscule
chapeau pointu.

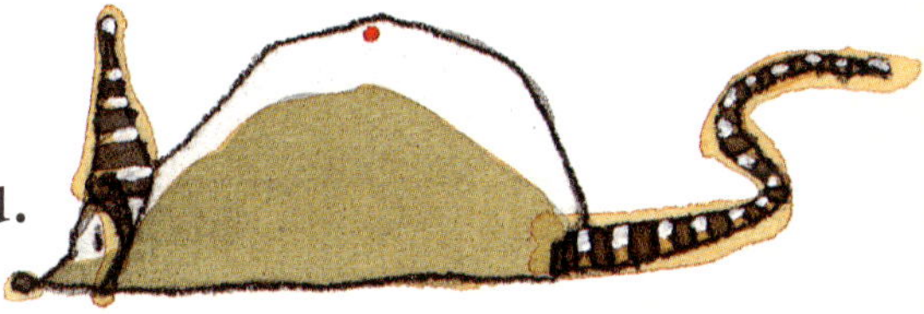

– C’est l’anniversaire de ma souris, explique monsieur Plouc, encore plus embêté. J’ai invité tous les animaux de l’immeuble pour la fête. Mais je n’ai pas osé demander

la permission à leurs propriétaires.
– C'est pour ça que Néron
n'a pas disparu ! comprend Camille.
Vous ne l'avez pas invité !
– Ronron ! fait Néron, vexé.

Grâce à Camille, les habitants de l'immeuble retrouvent très vite leurs animaux. Pour se faire pardonner, monsieur Plouc les invite à goûter le gâteau.

L'anniversaire de la souris devient
une grande fête pour tout le monde.
Les voisins sont si contents
qu'ils promettent de revenir
l'année prochaine !

300, rue Léon-Joulin, 31101 Toulouse cedex 100 – France

Loi 49.956 du 16.07.1949
Dépôt légal : 2e trimestre 2000
ISBN : 2-7459-0054-4
Imprimé en France
par Fournié